SECRETOS ANCESTRALES PARA NIÑOS

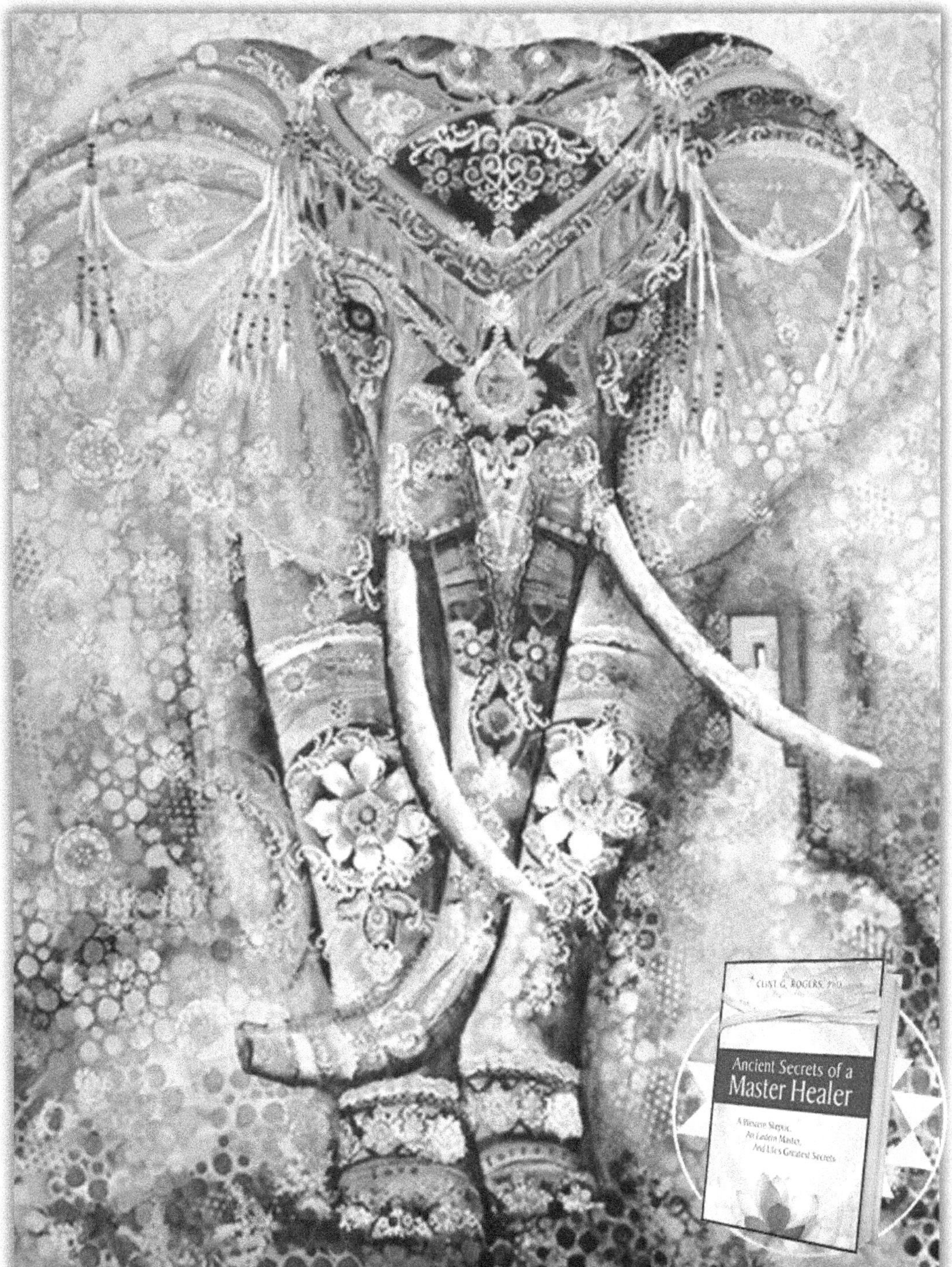

LIBRO DE ACTIVIDADES Y PARA COLOREAR

Inspirado por el Dr. Naram, el Dr. Clint G. Rogers, y el libro Secretos Ancestrales de un Maestro Sanador

Copyright © 2022 Wisdom of the World Press
Las ganancias van a beneficio de la Fundación Ancient Secrets

Diseño y Contenido: Dr. Clint G. Rogers & Heidi M. Aden

ISBN: 978-1-952353-41-3

Todos los derechos reservados.

Ninguna parte de este libro puede ser reproducida Queda prohibida la reproducción total o parcial de este libro sin la autorización por escrito del editor o del autor, excepto en los casos permitido por la ley de derechos de autor de EE.UU.

Primera edición impresa de 2022 en Estados Unidos

www.MyAncientSecrets.com

ESTE LIBRO DE ARTE PERTENECE A:

Nombre: _____ Edad: _____

¿QUIÉN SOY?
Utiliza el espacio de abajo para dibujarte a ti mismo/a.

"No vine a enseñarte.
He venido a amarte.
El amor te enseñará".

El Dr. Naram fue un gran sanador que ayudó a millones de personas en todo el mundo utilizando antiguos secretos de la naturaleza. Antes de morir, transmitió estos secretos a sus estudiantes, incluyendo al Dr. Clint G. Rogers, quien puso muchos de ellos en un libro llamado ***"Secretos Ancestrales de un Maestro Sanador"***.

El libro se está traduciendo a más de 30 idiomas para que la gente de todo el el mundo también pueda aprender estos secretos de salud y felicidad.

¿Te gustaría aprender sobre estos Secretos Ancestrales de salud y felicidad?

¡En este libro de actividades y para colorear también puedes aprender muchos de estos secretos!

Dr. Clint G. Rogers y Dr. Pankaj Naram

La importancia de saber lo que quieres

El hijo del Dr. Naram, Krushna Naram, comparte la sabiduría que su padre le transmitió muchas veces a lo largo de los años.

Una de las cosas más importantes para ayudarte a conseguir una vida saludable y equilibrada es saber lo que quieres.

Secretos Ancestrales de un Maestro Sanador (ASHM), página 6

Dr. Naram & Krushna Naram

¿QUÉ QUIERES?

1)

2)

3)

¿Qué quieres...
ser paleontólogo/a y estudiar fósiles?
(Un paleontólogo es un científico que estudia los fósiles y los restos de organismos antiguos).

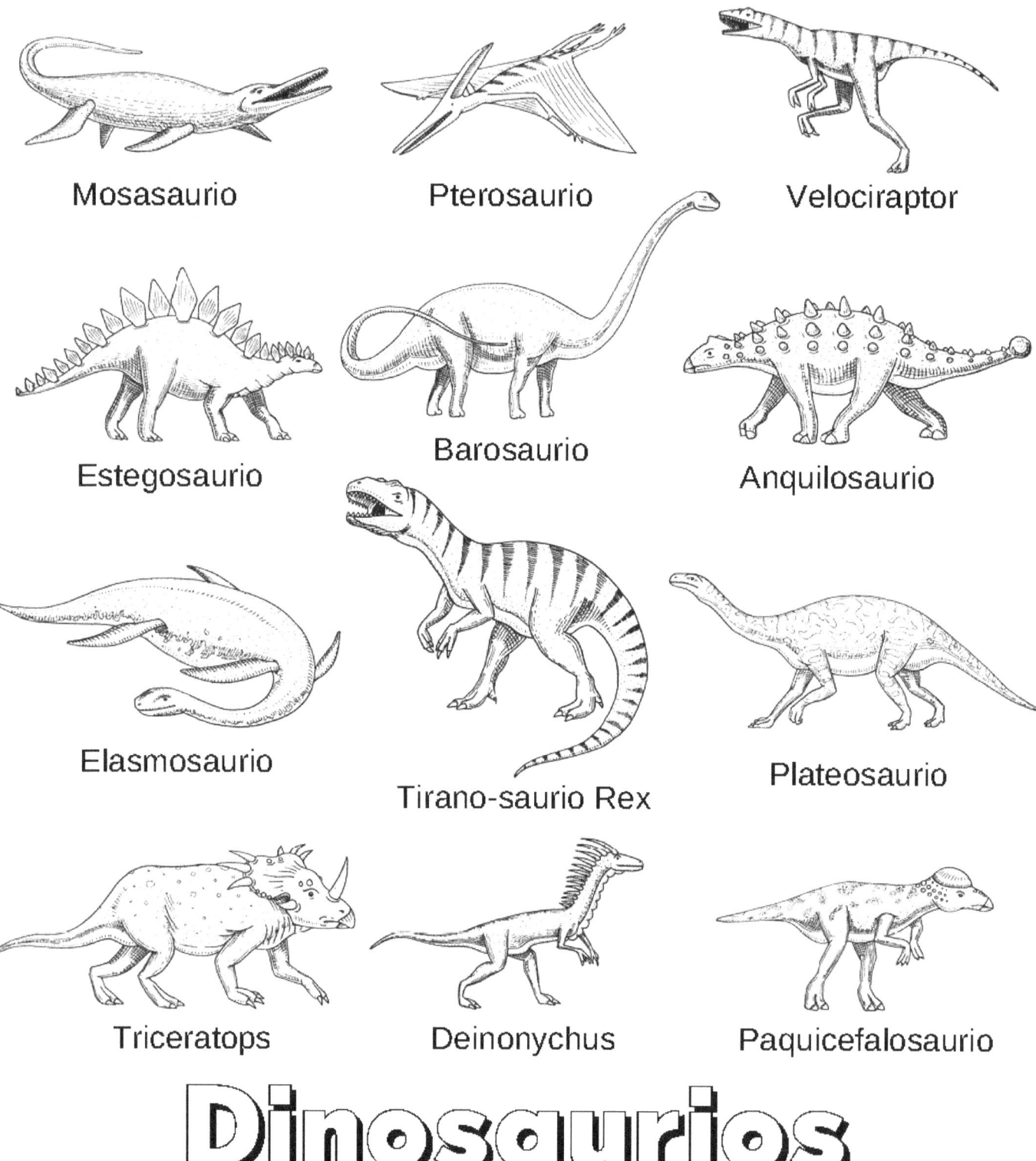

Mosasaurio　　Pterosaurio　　Velociraptor

Estegosaurio　　Barosaurio　　Anquilosaurio

Elasmosaurio　　Tirano-saurio Rex　　Plateosaurio

Triceratops　　Deinonychus　　Paquicefalosaurio

Dinosaurios

Tyrannosaurus rex

Brachiosaurus

Un regalo desde el corazón...

Cuando estos dos chicos de Alemania se enteraron de los niños huérfanos necesitados, tuvieron un gran deseo de ayudar. Sí, decidieron decidieron donar su propio dinero para ayudarles, pero también donaron su colección de dinosaurios. Al hacerlo, inspiraron a muchos otros adultos y niños a donar de corazón. El Dr. Naram y el Dr. Clint tuvieron el honor de entregar los dinosaurios a los niños huérfanos de Nepal, y con ellos, todo el amor de estos dos niños. Muchos más se inspiraron para dar cuando se enteraron acerca de sus acciones. Es increíble lo que puede ocurrir cuando te dejas guiar por el amor.

Jonathan y George Simon (en el centro) con su madre, el Dr. Naram, el Dr. Clint y su padre.

El Dr. Naram y algunos de los huérfanos compartiendo y jugando con los dinosaurios donados por Jonathan y George Simon.
La Fundación Ancient Secrets ayuda a huérfanos como estos en todo el mundo.

¿Qué quieres...
ser biólogo/a marino/a y explorar el mar?

Tortuga marina

El fósil de tortuga marina más antiguo que se conoce tiene al menos 120 millones de años. Eso significa que compartieron el planeta con los dinosaurios, que se extinguieron hace unos 65 millones de años.

¿Qué quieres...
ser astronauta y explorar el universo?

EL UNIVERSO

Astronauta

¿Qué quieres...
ser cantante o músico?

Música

"La música es vida. Por eso nuestros corazones tienen latidos". - Cecily Morgan

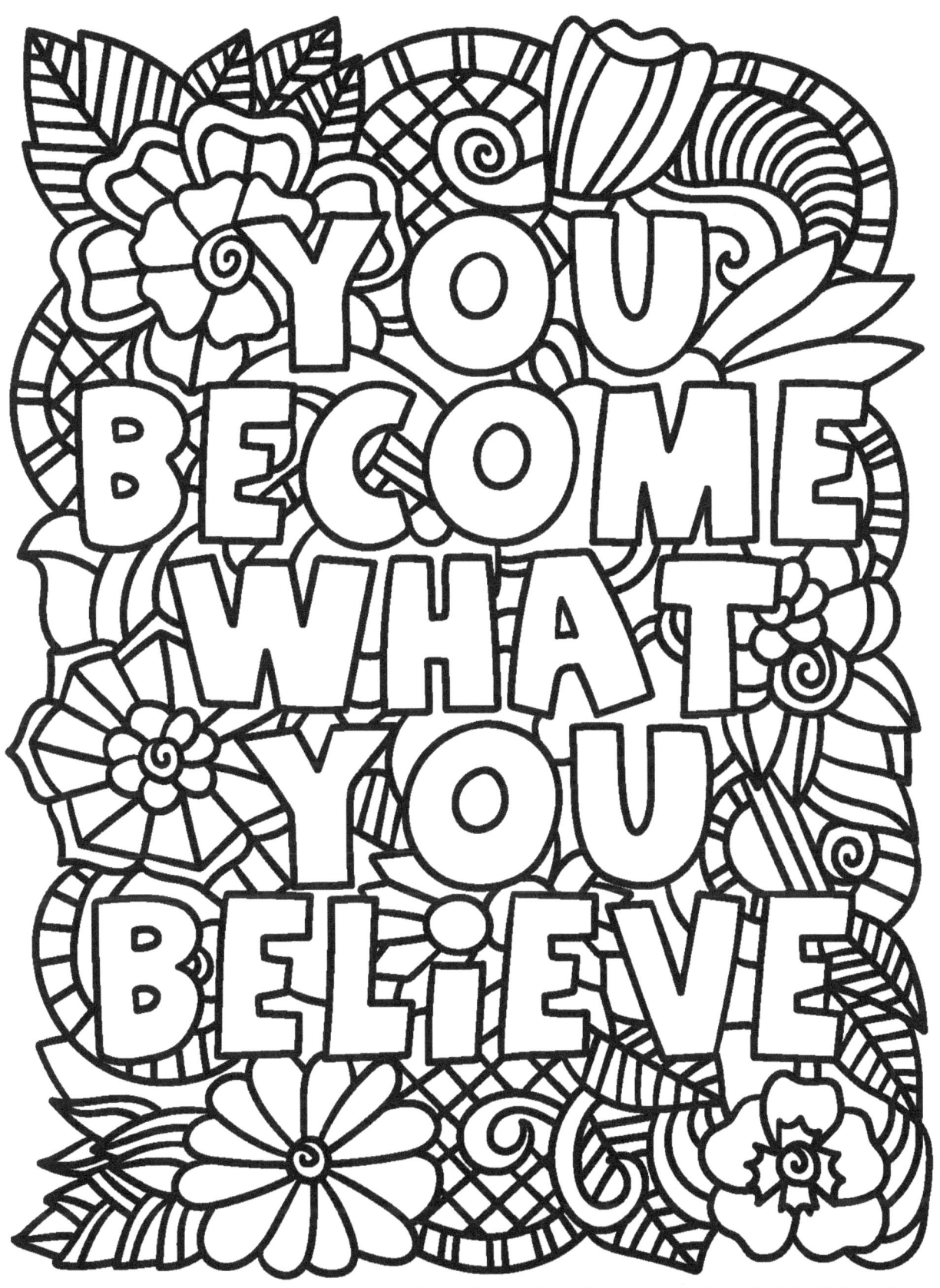

TE CONVIERTES EN LO QUE CREES

¿Qué quieres...
ser veterinario/a y cuidar de los animales?

¿Sabías que... los Secretos Ancestrales funcionan en humanos, animales y plantas?

ASHM, página 187

El maestro sanador, el Dr. Pankaj Naram, lee el pulso del elefante Laxmi, el gigante amable.

¿Sabías que... los elefantes son excelentes nadadores y pueden escuchar a través de sus pies?

El maestro sanador, Dr. Pankaj Naram, leyendo el pulso de un tigre real de bengala.

¿Sabías que...

los tigres son animales muy adaptables e inteligentes y son el animal con la memoria a corto plazo más larga, incluyendo a los humanos?

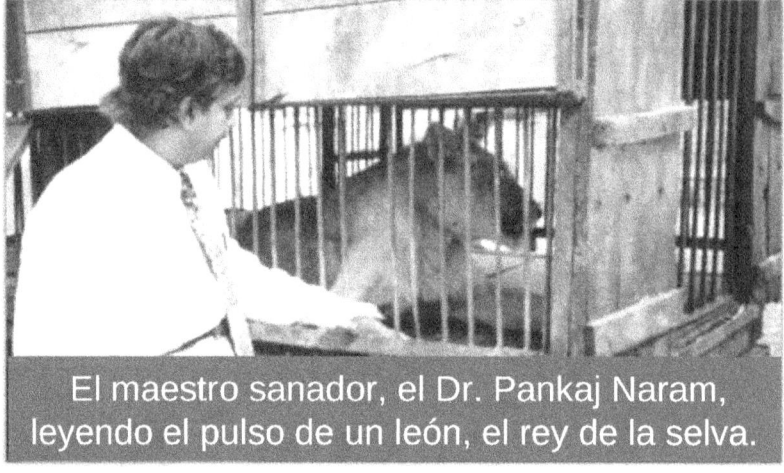

El maestro sanador, el Dr. Pankaj Naram, leyendo el pulso de un león, el rey de la selva.

El maestro sanador, el Dr. Pankaj Naram, leyendo el pulso de leopardo.

El Dr. Naram leyendo el pulso y dando remedios caseros para sanar las heridas de una pitón gigante.

Tigre

Los tigres son la especie felina más grande del mundo, alcanzan los 3,3 metros (casi 11 pies) de longitud y un peso de ¡304 kg! (670 libras).

León

Los leones africanos han sido admirados a lo largo de la historia como símbolos de valor y fuerza.

¡Dr. Giovanni Brincivalli
al rescate!

Dr. Naram & Dr. Giovanni

El Dr. Giovanni es uno de los amigos y colegas de toda la vida del Dr. Naram. Un día, el Dr. Giovanni fue llamado por un apicultor que tenía abejas enfermas. Un parásito destructor infectó a las abejas con un virus y dejaron de producir miel y comenzaron a morir.

El Dr. Giovanni investigó y descubrió que este tipo de infección debilita a las abejas, no pueden volar y algunas pierden todo su vello corporal. El Dr. Giovanni recordó al Dr. Naram tratando a pacientes con remedios de Secretos Ancestrales para la inmunidad y la pérdida del cabello. Él y el apicultor machacaron algunas de las hierbas del Dr. Naram, las mezclaron con miel y se las dieron a las abejas. Poco tiempo después, el apicultor llamó al Dr. Giovanni y le dijo que a las abejas les estaba creciendo el vello y parecían más sanas y más fuertes. *SAMS, página 187*

La razón por la que las abejas son tan ruidosas es porque baten sus alas 11.400 veces en un minuto.

Ayuda al apicultor a llegar hasta la colmena

Usa tu imaginación para decorar el panal con tus colores y diseños favoritos.

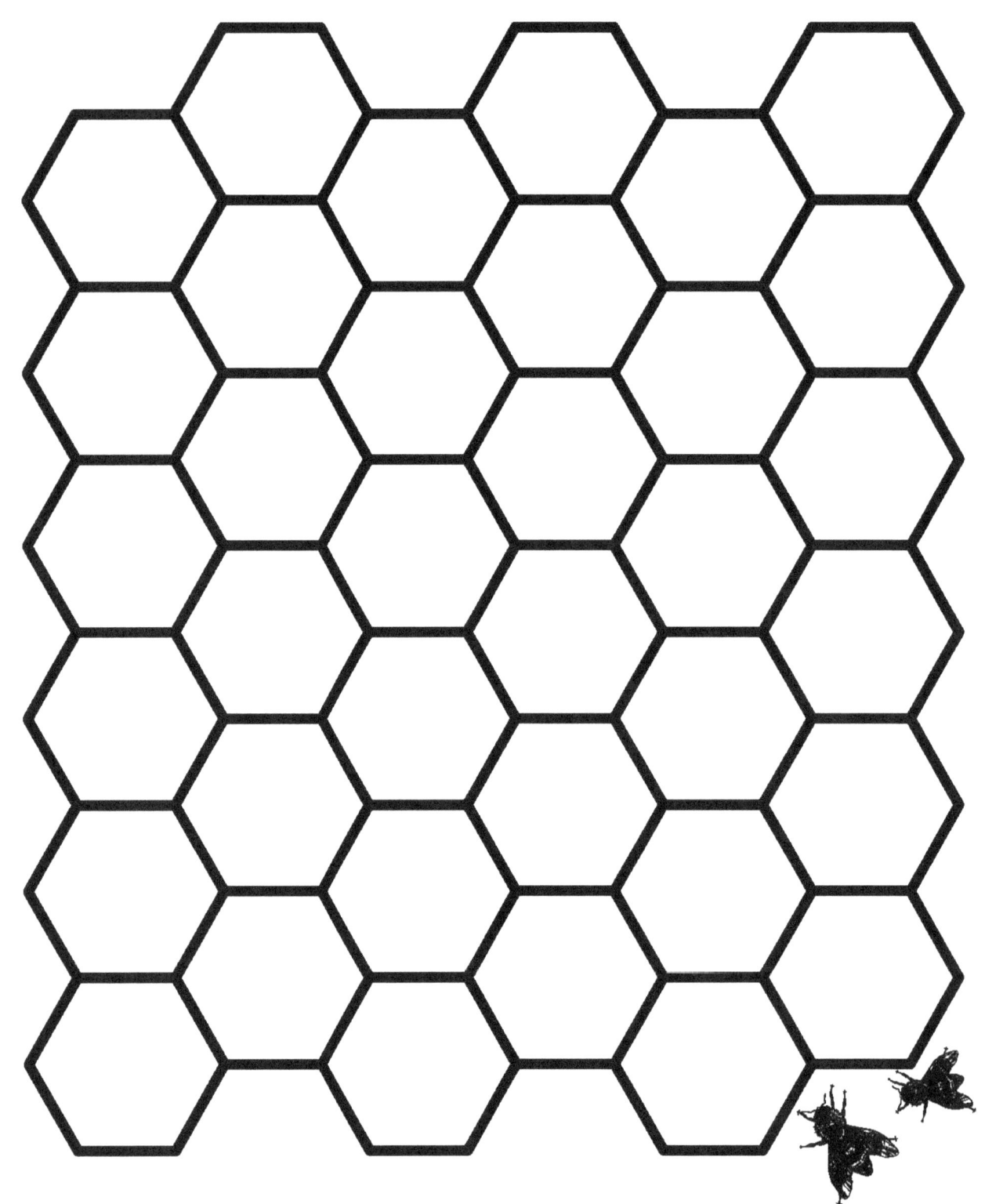

Los antiguos secretos curativos funcionan en humanos, animales y también en plantas. ¿Pero cómo?

ASHM, página 189

El Dr. Naram dijo que hay 6 claves secretas del Siddha-Veda:

1) Dieta
2) Fórmulas a base de plantas
3) Remedios caseros
4) Marmaa Shakti
5) Estilo de vida
6) Panchkarma o Asthakarma

"El Siddha-Veda tiene seis claves secretas de sanación profunda, que pueden transformar el cuerpo, la mente y las emociones de cualquier persona". - Dr. Naram

ASHM, página 81

Clave 1 de Secretos Ancestrales: Dieta

"Todo puede ser un veneno o una medicina, dependiendo de cómo lo uses"

Jivaka, Antiguo médico de Buda

Dieta: lo que comes y lo que evitas comer puede ayudarte a mantenerte sano y feliz.

ASHM, página 55

¿Cuál es tu fruta favorita?

"Si cambias lo que comes, puedes cambiar tu futuro" - Dr. Naram

ASHM, página 172

Sopa Milagrosa de Frijoles Mung

La sopa de Mung es una de las muchas herramientas poderosas compartidas por el Dr. Naram y el libro 'Secretos Ancestrales de un Maestro Sanador'.

¿Por qué Comer Sopa Mung?

L¡Los Frijoles Mung son un alimento asombroso! Tu cuerpo se beneficia de muchas maneras cuando comes este SÚPER alimento:

- Ayuda a equilibrar todas los tipos de constituciones (los 3 doshas: Vata, Pitta & Kapha)
- Ayuda a eliminar las cosas que se acumulan en el interior de nuestro cuerpo, obstruyéndolo (llamadas toxinas, o 'aam').
- Ayuda a tu cuerpo a sanar de forma SÚPER rápida. (Especialmente con verduras verdes cocidas).
- Es rica en vitaminas, minerales y proteínas (¡una de las mejores fuentes vegetales!).
- Y tantos otros beneficios increíbles - ¡tu cuerpo te amará por tomarla!

¡La Receta de la Sopa de Frijoles Mung del Dr. Naram está incluida al final de este libro!

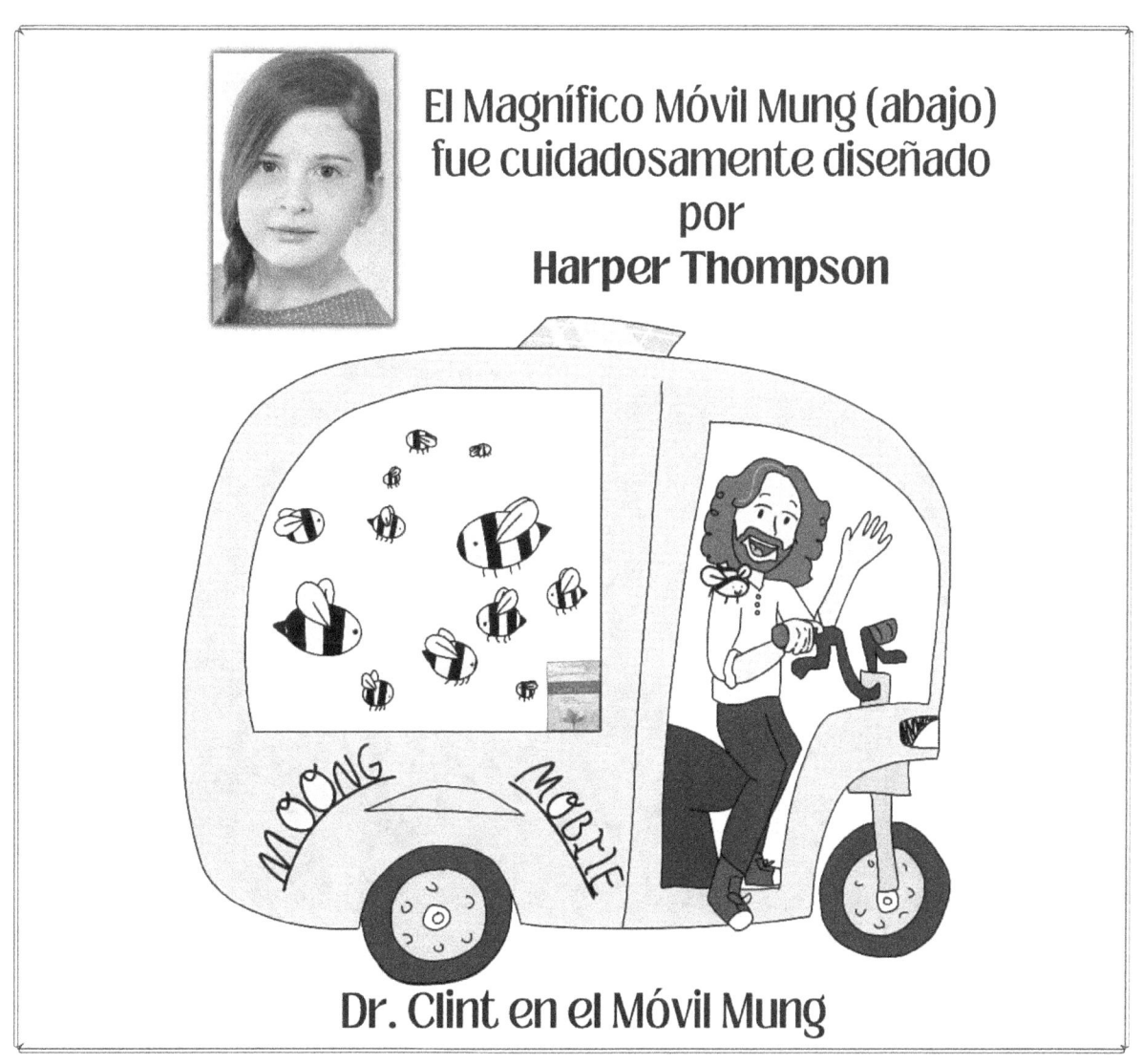

El Magnífico Móvil Mung (abajo) fue cuidadosamente diseñado por Harper Thompson

Dr. Clint en el Móvil Mung

Información Nutricional de la Sopa de Frijoles Mung

Una taza (7 onzas 202 gramos) de frijoles mung hervidos contiene (referencia):

Calorías: 212
Grasa: 0.8 gr
Proteínas: 14.2 gr
Carbohidratos: 38.7 gr
Fibra: 15.4 gr
Folato (B9): 80% del Consumo Diario de Referencia (CDR)
Manganeso: 30% del CDR
Magnesio: 24% del CDR
Vitamina B1: 22% del CDR
Fósforo: 20% del CDR
Hierro: 16% del CDR
Cobre: 16% del CDR
Potasio: 15% del CDR
Zinc: 11% del CDR
Vitaminas B2, B3, B5, B6 y Selenio

Sopa de Frijoles Mung

Trabajo de Arte realizado por **Maryam Khalifah**

MaryamArtIllustration.com

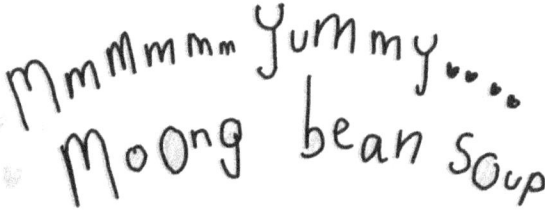

Sopa de Frijoles Mung

No he venido a enseñarte. He venido a amarte. El amor te enseñará. – Dr. Pakaj Naram

Clave 2 de Secretos Ancestrales: Fórmulas a base de plantas

Fórmulas a base de plantas - estas fórmulas están hechas de plantas y especias que los antiguos maestros sabían mezclar y utilizar para ayudar a la gente. Estas fórmulas siguen funcionando hoy en día y nos ayudan a mantenernos sanos o a mejorar cuando estamos enfermos.

Clave 3 de Secretos Ancestrales: Remedios caseros

¿Pueden los secretos ancestrales que ayudaron a las abejas ayudarte a ti también?

Algunos de los mejores remedios pueden mezclarse en tu propia cocina. Este es el remedio casero de los antiguos secretos que puede ayudar a aumentar tu inmunidad para que te enfermes menos y te recuperes más rápidamente.

Remedio casero para la inmunidad

- 1 CUCHARADITA DE MIEL
- 1/2 CUCHARADITA DE JENGIBRE EN JUGO O POLVO
- 1/2 CUCHARADITA DE CÚRCUMA EN POLVO
- 1/4 CUCHARADITA DE CANELA EN POLVO
- 11-12 HOJAS DE TULSI (ALBAHACA)
- 1/8 CUCHARADITA DE CLAVO EN POLVO
- 1 DIENTE DE AJO

Mezcla todos los ingredientes en medio vaso de agua tibia y tomar de 2 a 4 veces al día.

*Notas:
- El diente de ajo es opcional (si por motivos religiosos evitas el ajo, no es necesario incluirlo).
- Algunos recomiendan no dar miel a los bebés menores de 1 año.
- Por favor, lee la advertencia médica de la última página.

ASHM, página 293

Clave 4 de Secretos Ancestrales: Marmaa Shakti

Los antiguos maestros conocían los puntos energéticos del cuerpo. Cuando estos puntos se presionan, pueden ayudarte de diferentes maneras.

Foto 1

Foto 2

El Dr. Giovanni comparte el punto Marmaa Shakti para aumentar la memoria y la concentración.

En la foto 1: Observa el punto en el pulgar izquierdo del Dr. Giovanni. Este es el punto que debes presionar firmemente.

En la foto 2: Dobla el primer dedo de la mano izquierda hacia abajo y presiona firmemente este punto 6 veces. Haz esto 6 veces a lo largo del día.

*Para descubrir más puntos Marmaa Shakti que pueden ayudar con diversas cosas, consulta "Secretos Ancestrales de un Maestro Sanador".

Clave 5 de Secretos Ancestrales:
Estilo de Vida

Dedicar tiempo a hacer ejercicio, dormir adecuadamente, meditar y/o rezar, e incluso a quién eliges como amigo puede influir en tu salud y felicidad.

Dedica tiempo a meditar: te ayudará a equilibrar cuerpo, mente y alma.

Clave 6 de Secretos Ancestrales: Panchkarma o Asthakarma

PANCHKARMA es un proceso ancestral que dura varias semanas e incluye cambios nutricionales, masajes y mucho más.

Este proceso puede ayudar a limpiar el cuerpo de toxinas, y puede ayudar a sentirse más saludable y enérgico.

Un Antiguo Secreto es practicar

'Atithi Devo Bhava'

atithi devo bhava

Atithi Devo Bhava

significa "tratar a un invitado inesperado como si Dios hubiera venido a visitarte".

(BIENVENIDO)

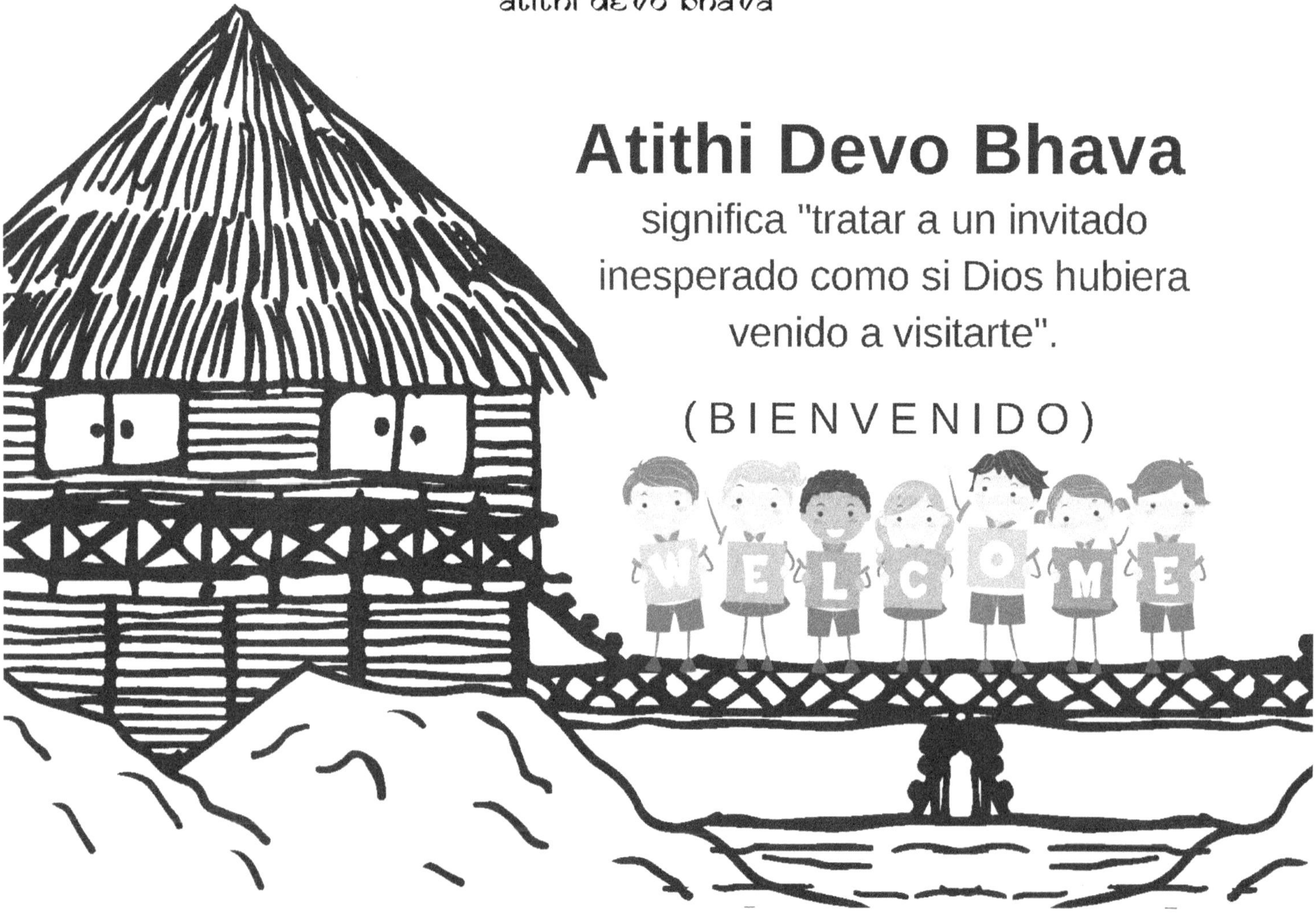

Dr Clint y Milo

A veces, un "invitado inesperado" puede venir en forma de desafío a nuestras vidas.

Para el Dr. Clint, uno de los retos fue cuando falleció el Dr. Naram, y se sintió muy solo. La mañana después del servicio de oración del Dr. Naram, el Dr. Clint caminaba por las calles de Mumbai, muy triste. De repente apareció un perro que no se apartaba de su lado. Pronto se convirtieron en los mejores amigos y este perro, Milo, le recordó al Dr. Clint que nunca estamos solos, y que los milagros son una realidad. Así fue como iniciaron juntos "El juego del experimento milagroso". Ahora personas de todo el mundo pueden jugar juntos y ver milagros suceder en sus vidas tras aplicar estos Antiguos Secretos.

ASHM, página 274

¿Cuál es el "invitado inesperado" o desafío que ha llegado a tu vida y que ha acabado siendo un regalo?

Perros

Al igual que las personas, los perros existen en todas las formas y tamaños. Cada uno es único y especial, ¡igual que tú!

Como parte del Juego del Experimento Milagroso, el Dr. Clint pide a la gente que se esfuerce por alimentar a los animales (especialmente perros, vacas y cuervos).

Las vacas son el animal favorito en muchos países. Son un símbolo de riqueza, fuerza y abundancia.

¿Qué es lo más importante en la vida?

El Dr. Naram dice que 3 de las cosas
más importantes son:

- Saber lo que quieres
- Lograr lo que quieres
- y disfrutar de lo que consigues

Los Secretos Ancestrales pueden ayudarte a hacer las tres cosas.

ASHM, página 216

CREE EN TI MISMO

"En los últimos 6 mil años de historia de la humanidad, la mayor necesidad de la gente no es el amor, sino la comprensión". - Dr. Naram

ASHM, página 72

Arte de Paras Aggarwal, 14 años

¿CUÁL ES OTRO SECRETO ANCESTRAL PARA SER FELIZ?

·GRATITUD·

Escribe 3 cosas por las que sientes agradecimiento:

1)

2)

3)

Escribe 3 cosas que te hacen feliz:

1)

2)

3)

Cuando eres agradecido/a, el miedo desaparece y la abundancia aparece

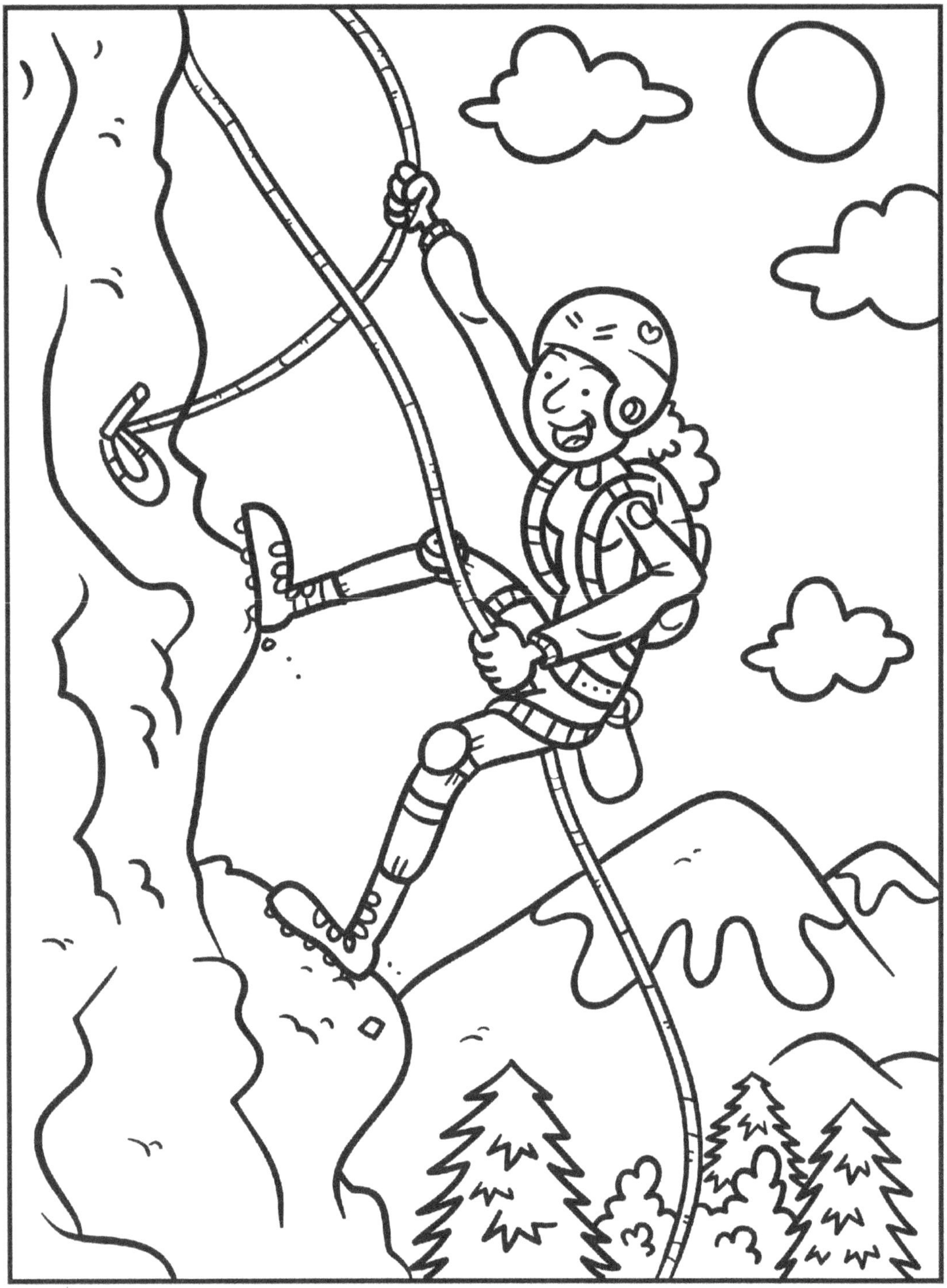

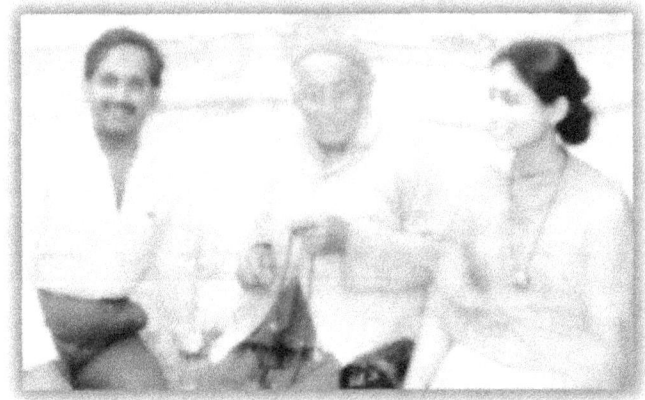

Dr. Pankaj y Smita Naram con Baba Ramdas

"No importa lo grande que sea el problema o la dificultad, nunca pierdas la esperanza".

- Baba Ramdas
(Maestro del Dr. Naram)

ASHM, página 4

Flor de Loto

"Mi maestro dijo que así como la brillante flor de loto blanca surge del barro oscuro para compartir su brillo y fragancia con todos nosotros, así deben facilitarse estos antiguos secretos curativos para revelar su profunda belleza curativa con toda la humanidad. Es simplemente una escuela de pensamiento a la que cualquiera puede unirse y beneficiarse, aprendiendo a ayudarse a sí mismo y a otros a sanar más y más profundamente". - Dr. Naram

ASHM, página 252

El Árbol de la Vida

Ancient Secrets Foundation tiene la misión de ayudar y proteger a los animales, los árboles, los huérfanos, las plantas y toda la vida.

Estos maravillosos huérfanos de Nepal están haciendo brazaletes para mostrar su apoyo a la gente que fue afectada por el terremoto.

La Fundación Secretos Ancestrales apoya a niños como éste con lo necesario como zapatos y ropa, materiales educativos, amor y apoyo.

Denny & Gill

Denny y Gil crecieron en orfanatos y más tarde se convirtieron en grandes amigas. ¡Juntas descubrieron que el AMOR puede superar cualquier desafío! Conoce más sobre cómo ellas inspiran a gente alrededor del mundo en el nuevo libro, *'El Amor es la Única Verdad'*.

Nuestra amada Gill echando sombreros al aire que ella hizo con amor para los huérfanos de Nepal.

"Haz de tu trabajo como una oración. El hacer el trabajo que amas te mantiene joven, sin importar tu edad". – Dr. Naram

ASHM, página 80

DISFRUTA CADA MOMENTO

"Dios está dentro de cada uno de nosotros, y todos tenemos un propósito para descubrir" – Baba Ramdas (Maestro del Dr. Naram)

La Misión del Dr. Naram: "Llevar el beneficio de Secretos Ancestrales a cada hogar y cada corazón en la tierra".

Traza tu visión de una tierra feliz.

Dr. Smita Naram, Dr. Pankaj Naram y su hijo Krushna Naram

Dr. Clint, Dr. Naram & Milo

Para ir más profundamente en Secretos Ancestrales puedes visitar:
MyAncientSecrets.com

Receta de la Maravillosa Sopa de Frijoles Mung del Dr. Naram

Una vez que hayas hecho esta receta básica, puedes experimentar con algunas ligeras variaciones, hasta dar con la receta perfecta para ti.

(Nota: es muy importante leer las etiquetas de las especias y otros productos que desees añadir, para evitar conservantes y alimentos procesados añadidos. Deben ser sin gluten, sin lácteos y no contener azúcares refinados)

Ingredientes:

- 1 taza de frijoles verdes secos
- 2 tazas de agua + 1-1/2 cucharadas de sal
- 1 cucharada de ghee de vaca o aceite de girasol
- 1 cucharada de semillas de mostaza negra
- 2 pizcas de Hing (también llamado Asafétida)
- 1 hoja de laurel
- 1 cucharada de cúrcuma en polvo
- 1 cucharada de comino en polvo
- 1 cucharada de coriandro en polvo
- 1 pizca de pimienta negra
- 1-1/2 cucharadas de jengibre fresco finamente picado o jengibre molido
- 1/2-1 cucharada o 1 diente de ajo fresco, picado fino o ajo en polvo
- 2 tazas más de agua - añadirlas para hacer sopa después de que las alubias estén cocidas
- 3 trozos de Kokum (ciruela de la selva seca)
- Sal al gusto al servir la sopa
- Opcional: 1 Taza de Zanahorias peladas y picadas
- 1 taza de apio cortado en dados

Pasos de la preparación

1. Enjuagar y retirar los restos. Poner a remojo los frijoles mung en agua durante toda la noche. (Añadir 1 cucharadita de bicarbonato mientras se remojan para ayudar a reducir los gases).
2. Enjuagar y retirar los restos. Poner a remojo los frijoles mung en agua durante toda la noche. (Añadir 1 cucharadita de bicarbonato mientras se remojan para ayudar a reducir los gases).
3. O cocerlos en una olla honda normal, los frijoles tardarán entre 40 y 45 minutos en estar totalmente cocidos. Llevar a ebullición y luego a fuego lento con la tapa puesta o ligeramente abierta. Añadir el Kokum, las zanahorias y el apio después de 25 minutos.
4. Mientras se cuecen los frijoles, al cabo de unos 20 minutos, calentar el aceite o el ghee en otra olla honda a fuego medio hasta que se derrita. Añadir las semillas de mostaza.
5. Cuando las semillas empiecen a estallar, añadir el hing, el laurel, la cúrcuma, el comino, el coriandro, el jengibre, el ajo y una pizca de pimienta negra y remover suavemente, mezclando bien.
6. Poner rápidamente el fuego al mínimo. Cocer a fuego lento unos 10 minutos - no dejar que se queme.
7. Pasar los frijoles cocidos con 2 tazas más de agua fresca a la olla con los ingredientes hirviendo a fuego lento.
8. Llevar a ebullición y cocer a fuego lento de 5 a 10 minutos más. ¡Qué aproveche! Se puede servir con arroz basmati.

Receta de: Secretos Ancestrales de un Maestro Sanador

**Descubre vídeos sobre cómo hacer esta sopa, además de otras recetas y más cosas en:
MyAncientSecrets.com**

¿Cómo Puedes Descubrir Más Secretos Ancestrales?

Enlaces Importantes e Información de Contacto:

Para obtener tu copia de 'Secretos Ancestrales de un Maestro Sanador' y unirte a la comunidad o registrarte en alguno de nuestros cursos puedes visitar: MyAncientSecrets.com

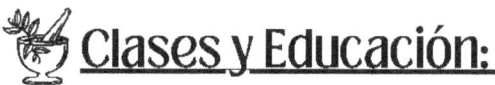 ## Clases y Educación:

Entrenamiento de 100 días sobre Secretos Ancestrales

Descubre y aplica en tu vida específicos secretos de sanación ancestrales. Aprende más sobre lo básico de Ayurveda/Siddha-Veda. ¡Esta experiencia de aprendizaje está cargada con videos educacionales, remedios caseros, marmaas y mucho más!

Experiencia de 30 días sobre

¡Ahora en inglés, español, ruso e italiano! Libera tu Secreto Poder Ancestral. Experimenta una salud más vibrante, energía ilimitada y paz mental. Una experiencia grupal divertida e interactiva.

¡Aún Más!

Merci de visiter : MyAncientSecrets.com

  ## Comunidad:

Llamada del Milagro Cada Domingo, Gratuita y Global

Únete a nosotros cada Domingo en zoom o en la página de Facebook de Dr. Clint. Hora: 8 AM Hora del Pacífico/ 11 AM Hora del Este

Fundación Secretos Ancestrales

El producto de la venta de este libro beneficia a los niños huérfanos en Nepal en proyectos importantes que ayudan a Secretos Ancestrales a beneficiar gente alrededor del mundo. Si te sientes inspirado a ser voluntario/a o apoyarnos de cualquier manera por favor completa la forma para unirte al "Miracle Dream Team" en: www.MyAncientSecrets.com

*Descargo de Responsabilidad:

*Todo el contenido fue creado para propósitos de información solamente. El contenido no está destinado a ser un sustituto de consejo médico profesional, diagnóstico o tratamiento. Siempre busca el consejo de tu doctor u otro profesional de la salud con cualquier pregunta al respecto de tu condición médica. Nunca elimines el consejo médico profesional o demores en buscar consejo médico por algo que hayas leído en este libro.

¡Esperamos que hayas disfrutado esta versión de Libro para Colorear y de Actividades para Niños de Secretos Ancestrales!

www.ingramcontent.com/pod-product-compliance
Lightning Source LLC
Chambersburg PA
CBHW081757100526
44592CB00015B/2467